Mini change d'école

RETROUVEZ Mini
DANS LA BIBLIOTHÈQUE ROSE

Mini a un nouveau grand-père

Mini aux sports d'hiver

Mini et Max le chat

Mini s'occupe de tout

Mini détective

Mini est la meilleure

Mini change d'école

Mini au bord de la mer

Christine Nöstlinger

Prix Hans Christian Andersen

Mini change d'école

Illustrations de Claire Le Grand

Traduction de Marie-Claude Auger

HACHETTE

L'édition originale de ce roman
a paru en langue allemande chez
DACHS-VERLAG GMBH, Vienne,
sous le titre :
MINI MUSS IN DIE SCHULE

Hachette Livre, 43, quai de Grenelle, 75015 Paris.

Mini change d'école

Voici Mini.

On l'appelle Mini mais son vrai prénom, c'est Hermine.

Elle est très mince et très

grande. Aussi grande que son frère Félix, bien qu'il ait deux ans de plus qu'elle !

Il arrive souvent que des gens qui ne la connaissent pas lui demandent :

« Tu es en quelle classe ?

— Aucune ! Je rentre à la grande école en septembre ! »

C'est une chose qui l'agace prodigieusement.

Et Benoît, qui va à la maternelle avec elle, lui dit toujours :

« C'est pas Mini qu'on devrait t'appeler, mais Maxi ! »

Parce que Mini, ça veut dire « petit », et Maxi ça veut dire « grand ».

Et mamie se prend souvent la tête dans les mains en s'écriant :

« Elle va pousser comme ça jusqu'à quand ? »

Elle est même allée jusqu'à

demander au docteur s'il existait des pilules pour empêcher de grandir !

Et Marion, qui habite juste à côté, lui lance parfois, en la voyant passer :

« Tu as encore grandi depuis la dernière fois ! »

Quand on lui parle ainsi, Mini se vexe immédiatement.

C'est comme quand Félix la traite de « grande perche ». Mais elle ne le montre pas. Elle se contente de répondre :

« Ce que tu peux être bête, pauvre nabot ! »

Et elle adore expliquer à sa grand-mère :

« Tu peux être fière d'avoir dix centimètres de plus de petits-enfants que les autres grand-mères ! »

En réalité, Mini aimerait bien être plus petite, ou alors moins maigre !

Chaque fois qu'on lui achète des vêtements, il faut faire des retouches.

Quand la largeur est bonne, Mini a cette allure-là :

Mais quand la longueur est bonne, voilà à peu près ce que ça donne :

Mini ne sait pas très bien si elle doit se réjouir d'entrer à l'école primaire.

D'un côté elle se dit : « J'ai déjà passé assez de temps en maternelle. »

Mais d'un autre côté, rester assise sans bouger, sans parler, toujours faire attention à ce que dit la maîtresse, elle trouve ça ennuyeux !

Quand elle voit la tête que fait son frère quand c'est l'heure des devoirs, cela ne lui donne pas particulièrement envie d'être à sa place.

Et quand il rentre en pleurant parce que la maîtresse a été sévère avec lui, alors Mini a vraiment peur de l'école.

La seule chose qui lui donne vraiment envie de passer en C.P., c'est lorsque quelqu'un s'exclame en la voyant :

« Quoi, une grande fille comme toi ! Tu n'es pas encore à la grande école ??? »

Au moins, à partir de septembre, elle n'entendra plus ça !

Mais Mini a un autre problème. Elle ne sait pas dans quelle école aller. Là où elle habite, elle a le choix entre deux écoles. Il y a celle de la place des Lilas et celle de la rue des Abeilles. Félix va à celle de la place des Lilas. Mais les enfants qui étaient en maternelle avec elle iront plutôt dans celle de la rue des Abeilles. Or, ses parents préféreraient l'inscrire dans la même école que son frère.

Surtout que c'est moins dangereux pour y aller. Mini n'aurait qu'à descendre la rue et traverser deux petites rues, tandis que pour aller à l'école de la rue des Abeilles, il faut franchir deux grands carrefours. Mini comprend qu'il serait plus raisonnable d'aller dans la même école que son frère, mais elle aimerait bien aussi se retrouver avec ses copains. Vraiment, elle n'arrive pas à se décider !

Tous les jours, maman lui demande :

« Alors, quelle école as-tu choisie ?

— Je te le dirai demain ! » répondit Mini.

Mais le lendemain, elle lui fait encore la même réponse !

Un jour enfin, maman dit à Mini :

« Aujourd'hui, on se décide. C'est demain le dernier jour des inscriptions.

— Mais je n'arrive toujours pas à me décider ! s'écria Mini, désolée.

— Laisse faire le destin, lui conseilla Félix.

— Comment cela ?

— Comme ça ! » lui répondit Félix en allant chercher son sac de billes. Il en sortit une bille bleue et une bille rouge qu'il plaça dans une boîte, et il expliqua à Mini :

« La bille rouge, c'est l'école de la place des Lilas, et la bleue celle de la rue des Abeilles !!! »

Puis il mit sur la tête de Mini un bonnet de laine qu'il lui enfonça jusqu'au menton pour qu'elle ne puisse rien voir et lui dit :

« Maintenant, tire une bille ! »

Mini obéit et tira la bille rouge. Ses parents applaudirent et s'exclamèrent :

« Le destin est de notre côté ! »

Mais Mini n'était pas contente. Depuis qu'elle avait tiré la bille rouge, elle pensait que l'école de la rue des Abeilles était sûrement beaucoup mieux !

Elle pensa : J'aurais moins peur de deux grands carrefours que d'une ribambelle d'enfants que je ne connais pas ! »

Mais elle n'osa rien dire. Il fallait bien accepter son destin !

C'est ainsi que, le lendemain matin, Mini et sa mère partirent bras dessus, bras dessous inscrire Mini à l'école de la place des Lilas. Elles montèrent au premier étage, dans le bureau de la directrice qui accueillit Mini par un compliment :

« Tu en as de jolies boucles brunes ! »

Ce qui la rendit tout de suite très sympathique à Mini.

Puis elle lui glissa, avec un sourire :

« Je suis sûre que tu seras plus sage que ton grand frère Félix ! »

Au moment de leur dire au revoir, elle ajouta :

« Eh bien, nous nous reverrons en septembre donc ! Amuse-toi bien pendant les vacances ! »

Pas un mot sur sa taille !

Mini s'attendait qu'elle s'écrie en la voyant :

« Mon Dieu, une enfant de cette taille est bonne pour le C.E. 2 !!! »

De retour à la maison, Mini raconta à son papa que la directrice de l'école était très sympathique. Mais Félix s'empressa d'ajouter :

« La directrice, ça peut aller, elle ne fait pas la classe, elle, mais les deux institutrices qui prennent les C.P. à la rentrée, bonjour !!!

Il y a Mme Dupuis, la plus sévère de l'école, et Mme Nicolas, qui est la plus injuste !

— Ne l'écoute pas ! lui dit maman.

— Il exagère toujours ! » déclara papa.

Mais Mini avait tendance à croire son frère plutôt que ses parents, parce que c'est Félix qui connaissait le mieux l'école ! Il y allait tous les jours, lui, tandis que les parents allaient seulement aux réunions de la maîtresse.

Mini se réveilla au milieu de la nuit et se demanda : « Est-ce que je vais tomber sur celle qui est sévère ou sur celle qui est injuste ? »

Elle en avait mal au ventre, comme s'il y avait eu deux fantômes dans sa chambre.

Mini s'imaginait les deux institutrices : celle qui était sévère, elle la voyait comme ça :

Et celle qui était injuste comme ça :

Parfois, Mini rêvait de la robe qu'elle allait mettre le jour de la rentrée. Mais son rêve tournait chaque fois au cauchemar. Sa grand-mère, en effet, lui avait dit :

« Pour le jour de la rentrée, je vais te confectionner une très jolie robe !! »

Elle n'avait rien voulu lui dire de plus. Mamie adorait faire des surprises ! Mais quand il s'agissait de robes,

Mini se méfiait car c'étaient en général de mauvaises surprises. Sa grand-mère raffolait des dentelles, des rubans, des boutons nacrés et autres fanfreluches. Autant de choses que Mini détestait !

Le seul espoir de Mini était que sa grand-mère n'ait pas le temps de terminer sa robe pour le jour de la rentrée, car elle ne cousait pas très vite.

Hélas ! La veille de la rentrée, mamie arriva avec la nouvelle robe. Encore pire que dans les cauchemars de Mini !

Pourtant, elle fut bien obligée de l'essayer. En la voyant ainsi, Félix s'écria :

« Tu ressembles à une pivoine comme ça ! »

Il s'en tenait les côtes de rire.

Mais maman s'exclama aussitôt :

« Quelle belle robe ! »

Et papa renchérit :

« Superbe ! »

Si bien que mamie n'enten-

dit pas le commentaire de Félix. Après le départ de mamie, Mini lança la robe dans un coin en s'écriant :

« Je trouve ça nul de votre part d'avoir fait semblant de trouver cette robe jolie ! »

Ses parents répondirent en chœur :

« C'était pour ne pas vexer mamie ! »

Car mamie est très susceptible. Un rien la contrarie. Et elle n'est pas du genre à se

vexer discrètement ! Ça non ! Elle gémit, verse des torrents de larmes et a de terribles migraines.

Papa et maman essayèrent de convaincre Mini de porter sa robe le jour de la rentrée :

« Pour l'amour du ciel, ne contrarie pas mamie ! »

Mais Mini supplia :

« Porter une robe pareille le jour de la rentrée ! Ne me faites pas ça ! »

Jusqu'à ce que Félix intervienne :

« J'ai une idée ! » s'écria-t-il.

Il expliqua son idée à ses parents et à sa sœur. Tout le monde fut emballé :

« Parfait !!! Tu es un génie !!! »

Le lundi matin, à huit heures tapantes, mamie sonna à la porte de la maison. Mini vint lui ouvrir. Elle portait sa nouvelle robe et mamie s'éxclama aussitôt :

« Que tu es mignonne comme ça !!! Je suis sûre qu'aucune petite fille n'aura une robe aussi élégante que la tienne ! On dirait une petite princesse. »

Puis tout alla très vite. Félix sortit de la cuisine avec un grand bol de chocolat à la main et se dirigea vers Mini et mamie en disant :

« Bonjour, mamie ! »

À ce moment-là, maman sortit de la salle de bains et

trébucha sur un patin à roulettes qui traînait par terre. Maman culbuta Félix qui perdit l'équilibre et s'écroula en lâchant son chocolat, lequel atterrit sur la robe de Mini.

Papa surgit de sa chambre et s'exclama en voyant le désastre :

« Mon Dieu ! La pauvre Mini ! Elle ne va pas pouvoir garder sa jolie robe !!! »

C'est ainsi que Mini put mettre son jeans et son tee-shirt préféré sans contrarier sa grand-mère.

Il était l'heure de partir. Mini se mit en route pour l'école de la place des Lilas, entre sa mère et sa grand-mère. Félix, quant à lui, restait en arrière. Il les avait prévenues :

« Je n'ai pas besoin qu'on m'accompagne, je

ne suis plus un bébé ! »

Maman avait préparé pour Mini un goûter copieux avec des friandises pour la récréation. Et mamie avait fait de même.

« Qu'est-ce que je vais faire avec deux goûters ? » se lamentait Mini.

Maman précisa :

« Ce n'est pas ma faute si ta grand-mère arrive avec un goûter ! »

Et mamie ajouta :

« Ta mère ne m'écoute jamais ! Cela fait des semaines que je lui dis que je m'en occupe ! »

Mini les interrompit :

« Je ne veux pas de goûter du tout ! »

Ce qui n'était pas vrai ! Celui que lui avait préparé sa maman lui plaisait beaucoup, car il y avait plein de bonnes choses dedans. Mais Mini son-

geait : « Après le coup de la robe, je ne peux pas faire ça à mamie. Si je n'accepte pas son goûter, elle va sûrement avoir la migraine ! »

Mini avait encore bien d'autres soucis !

Ce qui la préoccupait, c'était de savoir si elle allait tomber sur la maîtresse sévère ou sur celle qui était injuste. Elle l'apprendrait seulement en arrivant à l'école. La directrice leur avait expliqué lors de l'inscription qu'il y aurait deux listes affichées à la porte de l'école avec le nom de l'institutrice et ceux des élèves. Une liste pour le C.P. 1 et une liste pour le C.P. 2.

En arrivant devant la porte de l'école, Mini sentit ses genoux trembler, ses oreilles bourdonner et son ventre gargouiller. Sur le panneau d'affichage, il n'y avait pas deux listes mais trois.

« Ils ont constitué un troisième C.P. », dit maman en mettant ses lunettes pour lire les noms.

« Tu es dans le C.P. 3 et ta maîtresse s'appelle Lili Parel ! »

« C'est qui, Lili Parel ? demanda Mini à Félix qui les avait rattrapées.

— Lili Parel ? Je ne connais personne qui s'appelle comme ça ! »

Il héla une fillette au

passage et lui cria :

« Éléonore ! Tu connais une institutrice qui s'appelle Lili Parel?

— Non, ce doit être une

nouvelle ! » lui répondit Éléonore.

Mini réfléchit rapidement : « quels sont les défauts qui existent encore, à part sévère et injuste? »

Elle trouva : grincheuse, coléreuse, rabat-joie, hystérique, tatillonne, maussade, aigrie.

Et elle en conclut qu'il aurait peut-être mieux valu tomber sur l'une des deux autres.

Elle serra la main de sa mère. Pour rien au monde, elle ne resterait dans cette école. Mais Félix la prit par l'autre main et l'entraîna à l'intérieur en disant :

« Allez viens, grand bébé, je vais te montrer ta classe ! Tu sais quand même distinguer un 3 d'un 2 ou d'un 1, pas vrai ? »

Oui, Mini savait reconnaître les chiffres.

Maman et mamie trotti-

nèrent derrière Félix et Mini. Avec les deux goûters !

« Tu vas voir que mamie ne va pas tarder à éclater en sanglots, chuchota Félix à Mini. C'est l'émotion ! Parce que la vie sérieuse commence ! C'est ce qu'elle a dit le jour de ma rentrée ! »

Puis Félix montra à Mini la porte d'une salle de classe sur laquelle était affiché C.P. 3 :

« C'est là ! Allez, courage, grande perche ! » lui glissa-t-il à l'oreille.

Maman lui donna son goûter, mamie le sien. Félix monta au premier étage où se trouvait sa classe.

Maman promit à Mini :

« Nous t'attendrons à la sortie de l'école ! »

Et mamie éclata en sanglots en disant :

« C'est la vie sérieuse qui commence ! »

Mini entra dans la classe et regarda autour d'elle. La maîtresse n'était pas encore arrivée. Quelques enfants étaient assis à leur place. Ils avaient tous un goûter. Un seul bien sûr !

La classe ne correspondait pas tout à fait à la description qu'avait faite Félix. Il lui avait raconté que, dans toutes les classes, il y avait trois rangées, celle du côté de la fenêtre, celle du milieu et celle du côté de la porte. Et que les enfants devaient être assis deux par deux, chacun dans son rang.

Ici, les pupitres étaient disposés autrement, par bloc de deux, si bien que deux

enfants étaient en face de deux autres. Dans la classe, il y avait en tout cinq blocs. Trois étaient pris. Le quatrième était déjà occupé par deux garçons. Et le cinquième était vide. Mini ne savait pas si elle devait s'asseoir avec les deux garçons ou toute seule.

À ce moment-là, elle aperçut près du tableau une petite fille qui, apparemment, n'avait pas encore de place. Une petite fille qui n'avait pas de goûter à la main.

Mini loucha en direction de la porte. Sa mère et sa grand-mère avaient disparu. Mini se dirigea vers la fillette et lui dit :

« Tiens, je te donne un de mes goûters. C'est idiot ! J'en ai deux !

— Merci, répondit la petite fille. Ma mère m'en avait préparé un mais notre chien l'a « mangé, avec le plastique ! »

Mini se présenta :

« Mon prénom est Hermine, mais on m'appelle Mini !

— Et moi, je suis Chloé ! » répondit la petite fille.

Puis, apercevant les bonbons à travers le papier cellophane, elle demanda :

« Tu crois qu'on peut commencer à en manger ?

— C'est pour la récréation, répondit Mini. À mon avis, ce ne doit pas être déjà maintenant !

— Évidemment, s'écria

Chloé en riant, la maîtresse n'est même pas encore arrivée !

— Je ne connais personne ici, remarqua Mini.

— Ce n'est pas vrai ! Maintenant, tu me connais !

— Tu as raison, admit Mini.

— Si on s'asseyait côte à côte », proposa Chloé.

Mini fit signe que oui.

« Au pupitre où il n'y a personne ?

— Non, plutôt à l'autre ! décida Chloé en désignant le pupitre en face des deux garçons.

— Tu crois qu'ils voudront bien ? s'inquiéta Mini.

— Ils devraient être contents d'avoir deux filles comme nous ! » répondit Chloé en entraînant Mini.

« Je m'appelle Chloé, et elle, c'est Mini », dit-elle aux deux garçons.

Mini s'assit immédiatement

à sa place. Rester debout au milieu d'enfants qu'elle ne connaissait pas ne lui plaisait guère. Elle se sentait trop grande et avait le sentiment de dépasser les autres d'une tête.

« Comment vous appelez-vous ? demanda Chloé aux garçons.

— Moi, je m'appelle Romain !

— Et moi, c'est Julien ! »

À ce moment-là, la sonnerie retentit et la maîtresse entra dans la classe !

Mini ouvrit de grands yeux ronds !

Elle n'avait l'air ni grincheuse, ni coléreuse, ni rabat-joie, ni hystérique, ni tatillonne, ni maussade, ni aigrie... mais... gentille comme tout !

Elle avait des yeux bleus, des cheveux roux, des taches de rousseur, un nez retroussé et une petite fossette sur le menton. Voilà à peu près à quoi elle ressemblait :

Elle se planta au milieu de la classe en disant :

« Bonjour, je m'appelle Lili Parel, je suis votre maîtresse. J'attendais avec impatience le moment de faire votre connaissance ! »

Puis elle ajouta :

« J'ai appris vos noms par cœur et je suis curieuse de savoir à qui ils appartiennent !

— Eh bien, devinez, pour voir ! » lança le garçon qui était assis en face de Mini.

L'institutrice réfléchit un instant, prit sa respiration et déclara :

« Toi, tu es Julien Tanneau ! »

Julien en resta bouche bée.

« C'était vraiment un coup de chance ! » reconnut Mme Parel.

Mais elle refusa de continuer à jouer aux devinettes.

Elle appela les vingt enfants, dans l'ordre alphabétique, sans se tromper une seule fois. Quand ce fut le

tour de Mini, Mme Parel lui demanda, comme elle l'avait fait pour les autres :

« Comment t'appelle-t-on en général ?

— Mini », avait répondu Mini, en songeant qu'elle était tellement grande que tout le monde allait se mettre à rire ! Mais il n'en fut rien. Les enfants la regardaient gentiment.

Mini se sentit délivrée d'un énorme poids. Elle avait

chaud au cœur et n'avait plus aucune envie de courir retrouver maman et mamie comme tout à l'heure.

Au bout d'un moment, la maîtresse annonça aux enfants :

« Voilà, nous avons fait connaissance, cela suffit pour ce matin !

— On n'a pas vu le temps passer ! » dit Mini à Chloé.

Les enfants prirent leur goûter et se dispersèrent dans la cour de récréation.

Mini les regarda en louchant à l'envers. C'était une de ses spécialités. Quand elle était très étonnée, ses yeux bleus partaient chacun de leur côté, comme ça :

Et pourquoi Mini était-elle donc si étonnée?

Parce qu'elle n'était pas la plus grande de la classe!!!

Il y avait un garçon et une fille qui étaient un peu plus grands qu'elle, et deux garçons et deux filles qui étaient juste de sa taille.

Mini songea : « Si dans une classe de vingt enfants, il y en a sept qui sont des "grandes perches", alors on peut dire que les grandes perches ontpratiquement une taille normale ! »

Et elle cessa de loucher.

Satisfaite, elle dit à Chloé :

« Je trouve cette école géniale !

— Moi aussi ! » lui répondit sa nouvelle amie.

À l'heure de la sortie, Mini et Chloé se frayèrent un chemin au milieu d'une foule d'enfants.

Chloé dit à Mini :

« Maintenant, nous sommes amies !

— Pour la vie ! » répondit Mini.

À la porte de l'école, mamie se précipita au-devant de Mini. Elle ne pleurait plus !

« Alors, c'était comment ? demanda-t-elle aussitôt.

— Voici Chloé ! répondit Mini en présentant son amie qui tendait la main à sa grand-mère.

— Quelle mignonne petite fille ! » s'écria mamie, ravie.

Mini prit Chloé par le cou et dit à sa grand-mère :

« C'est pour ça que nous

allons si bien ensemble ! Nous sommes si mignonnes ! La grande Mini et la petite Chloé !!!!!! »

Dans la même collection…

Mademoiselle Wiz,
une sorcière particulière.

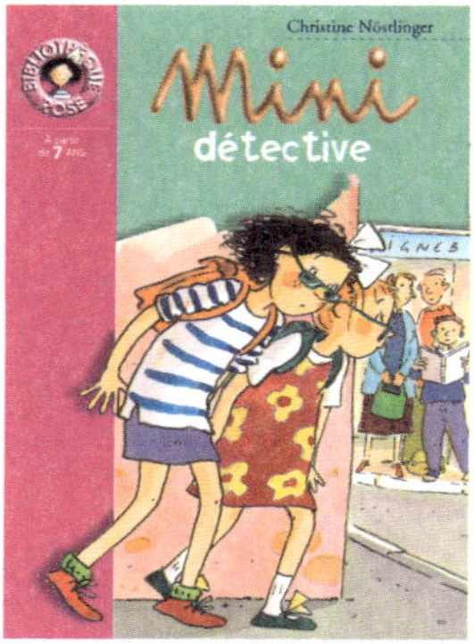

Mini, une petite fille
pleine de vie !

Fantômette,
l'intrépide
justicière.

Avec le Club des Cinq,
l'aventure est toujours
au rendez-vous.

Kiatovski,
le détective en baskets
qui résout
toutes les enquêtes.

Dagobert,
le petit roi
qui fait tout à l'envers.

Rosy et Georges-Albert,
le duo de choc
de l'Hôtel Bordemer.

Avec Zoé,
le cauchemar devient
parfois réalité.

BIBLIOTHÈQUE ROSE

Imprimé en France par ***Partenaires-Livres***®
n° dépôt légal : 8948 - mars 2000
20.20.0240.01/0 ISBN : 2.01.200240.4
Loi n°49-956 du 16 juillet 1949
sur les publications destinées à la jeunesse